Utopie

Petite
Poucette

拇指
姑娘

UTOPIE

米榭・塞荷 著
Michel Serres

尉遲秀 譯

奪朱10
社會政治
批判叢書

拇指姑娘
Petite Poucette

作者｜米樹・塞荷 Michel Serres
譯者｜尉遲秀
推薦序｜博凱 Nicolas Bouquet
校對｜林琪雯
美術設計｜楊啟巽工作室
電腦排版｜辰皓國際出版製作有限公司

出版｜無境文化事業股份有限公司
【精神分析系列】　總策劃／楊明敏
【人文批判系列】　總策劃／吳坤墉
地址｜802高雄市苓雅區中正一路120號7樓之1
Email address｜edition.utopie@gmail.com

總經銷｜大和圖書報股份有限公司
電話｜(02)-8990-2588
地址｜248新北市新莊區五工五路2號

二版｜2019年7月
定價｜250元
ISBN 978-986-96017-7-1

國家圖書館出版品預行編目(CIP)資料

拇指姑娘 / 米樹.塞荷(Michel Serres)著；尉遲
　秀譯. -- 二版. -- 高雄市：無境文化, 2019.07
　　面；　公分. --（人文批判系列）（(奪朱)社
　會政治批判叢書；10）
　譯自：Petite Poucette
　ISBN 978-986-96017-7-1（平裝）

　1.資訊社會

541.415　　　　　　　　　　　　108010868

Petite
Poucette

Michel Serres

目
錄

contents

推薦序

Nicolas Bauquet 博凱

歷史學博士

法國在臺協會學術合作與文化處處長 *

　　我原本是學院的史學研究者，如今成為了一名外交官；在世界的另一端，代表著法國，代表法國的藝術家、學者及科學家們。打我從事這個新的職業起，就竭盡所能的拼：促進聯繫、建立合作、籌劃及鼓勵。而在這十到十五年間，種種新的通訊工具改變了這個職業：眼睛盯著螢幕、指頭滑在手機，我加速時間，我縮短距離，我讓點子、聯絡、創意都數以倍計——我，還有我的合作對象、我的工作伙伴、連我的家人都一樣，都被**做（faire）**的眩目迷離給捲了進去。但其實，那我還算是知識分子的過往，只在不久以前……那時我花時間去思考。閱讀許多書籍的時間。那時我會對一個思想追根究柢，而不是撲撈那些一閃而逝的點子。

　　這放棄所為何來？的確，是因為**做（faire）**要比**存在（être）**容易。但同時是因為，像我當初那樣、及現下我

---

* 　任期為 2014-2018 年。

這樣子的知識分子，已經不再覺得自己有能力去思考今日的世界。任何一個在這世界的漩渦中間稍稍駐足的人，都要覺得天旋地轉。天旋地轉，因為我們所認識的世界，它的各個面向改變之迅速。而種種信念有如紙牌城堡般的崩塌，也叫人天旋地轉。天旋地轉於驅動這已經窒礙難行的世界之種種元素，那無止無休的複雜性；而要想開始去理解這極速衝刺的將來到底駛向何方，所需要的知識之廣博浩瀚，還是叫人天旋地轉。必得需要幾十位的專家，幾千頁的書寫，才能夠開始**思考（penser）**，重新再來。

此刻在我們手中的這本小書，多麼細緻，它的作者既不是資訊工程師，不是金融專家，也不是個科學家或是搞政治的。這個人不是什麼什麼的權威。這位哲學家，從很久以前，就對於存在與對於思考做了基進的選擇，尤其深切的是他在授業的選擇。米榭・塞荷從來不是個權勢者，也不是個學究。帶著那每個法國人都熟悉而喜愛的細緻微笑，那散放喜悅的明耀雙眼，那引領我們進入一種思想的清晰溫柔嗓音，他行走世界；而那最被孜孜不倦傳遞的，是對自由的欣慕，以及對學生們的愛。

　　米榭・塞荷首先是個老師，而這本小書被構成得像是對這個新世代的一闋歌詠；歌詠這「拇指姑娘」的世代，以及這我們還如此難以去理解、去生活、去**思考**，這正在形成的新世界。在知識之階層體系崩壞的年代，傳承會變成什麼？當任何人，在任何時候都可以去檢視那些權勢者，去表達他們的好惡時，權力又變成什麼？而在所有個體都可以有如數位聯絡的迅捷去重組他們的屬性，在這種時刻，我們的那些群體性將變成什麼？

　　在這本那麼小的書裡，沒有這些問題的答案。但裡面有一股力量，推著我們去思考，去迎接這個新世界的挑戰，帶著喜悅、自信去檢視，重新再來。就有如偉大的航海家們出發去發現**那些新的世界**。沒成為哲學家之前，在他很年輕的時候，米榭・塞荷曾經跑過船，遨遊在地球的四海之上。其實他一直都是，而如今他邀我們奔向海洋，重新再來。

　　閱讀愉快，也祝一路順風。

（翻譯：吳坤墉）

Petite
Poucette

拇指姑娘

Pour Hélène, formatrice des formateurs de Petite Poucette,

auditrice des auditeurs des Petits Poucets

Pour Jacques, poète, qui les fait chanter

獻給艾蓮娜，

她是拇指姑娘的養成者的養成者，

也是拇指世代的聽眾的聽眾

獻給詩人雅克，他讓這個世代歌唱

1

拇指姑娘

要教導任何人任何事之前，至少得要先認識他。

今天，出現在小學、中學、高中、大學裡的，是誰？

I

新

　　這個新來的小學生，這個年輕的女大學生，他們從沒見過小牛犢、牛、豬，也不曾見過一整窩剛孵化的小雞。一九〇〇年，地球上大多數人的工作都是農耕和放牧；二〇一一年，法國和其他情況相似國家一樣，只有不到百分之一的人口是農民。這肯定是新石器時代以來，歷史最大的斷裂之一。從前，我們的文化指涉的是農務，如今，情況已驟然改變，沒變的是，在這個星球上，我們的吃食依舊仰賴土地。

　　我向各位介紹的女學生或男學生所過的生活不再有動物為伴，不再居住於相同的土地，和世界的關係也不一樣了。她或他所讚美的是世外桃源般的大自然，一個屬於休

---

*　譯者感謝輔大法文系 Sylvie Ragueneau 教授於翻譯過程的協助。

閒或觀光的大自然。

他住在城市。他的前代人半數以上出沒於田野。可是，他對環境議題敏感，謹慎且心懷敬意，相較於我們這些不自覺又自以為是的成人，他較少汙染環境。

他的身體生活已然不同，以數字呈現的世界也不一樣了，人口就在人的一生的時間裡，突然從二十億跳到七十億；他居住在一個滿滿的世界。

此刻，他的預期壽命大約是八十歲。他的曾祖父母結婚時誓言忠誠，相守十來年足矣。如果他和她打算一起生活，他們是否能立下相同的誓約，相守六十五年？他們的父母約莫在三十歲時繼承遺產，而他們要到老了才會收到這項餽贈。他們對年齡的感受不再相同，對婚姻、財產傳承的感受也不再相同。

他們的父母上戰場，天真無畏，將短暫的預期壽命獻給祖國；他們是否也會將眼前可見的六十年，以同樣的禮讚獻給祖國？

六十年來——西方歷史上絕無僅有的中場休息——他和她從來不識戰爭為何物，再過不久，連他們的政治領袖

和教師也不會知道戰爭為何物了。

　　他們享用的醫療堪稱有效，而且在藥品方面，他們享有止痛劑、麻醉劑。就統計上來說，和先人們相比，他們的痛苦比較少。他們捱過餓嗎？可是，無論宗教或世俗的一切倫理，歸根結柢來說，都是以承受無可避免的日常痛苦（人世的病痛、飢餓、殘酷）為對象所做的練習。

　　他們的身體不再相同，舉止也不再相同；沒有任何成人可以給他們適合的倫理啟發。

　　他們的父母在盲目的情況下被孕育，而他們的誕生是計劃的結果。就以第一胎來看，產婦的平均年齡增加了十到十五歲，學生們的父母親老了一個世代。這些父母超過半數都離過婚。他們丟下了孩子嗎？

　　他或她不再有相同的家譜。

　　他們的先人集聚在文化同質的班級或階梯講堂裡，而他們學習的地方卻是諸多宗教、語言、籍貫、風俗從此並存的團體。對他們和他們的教師來說，多元文化是天經地義的。異邦人卑賤的「不純的血」[1]，這種歌詞，他們在法

---

1. 法國國歌〈馬賽曲〉的副歌有一段歌詞是「讓不純的血／澆灌我們的田野！」（Qu'un sang impur/ Abreuve nos sillons！）

國還能頌唱多久？

他們的全球世界不再相同，他們的人類世界不再相同。在他們身邊，有來自較不富裕國家的移民的子女，這些人的生命經驗和他們有天壤之別。

暫且做個小結。他們如此幸福，不識鄉野為何物，不曾與家畜共同生活，不曾參與夏季的收穫，不曾參與這麼多的戰役，不識墓地、傷者、饑民、祖國、染血的旗幟、死者的紀念碑……他們不曾在痛苦中經歷，攸關生死的，建立某種道德的迫切需要，那麼，他們所理解的文學、歷史是何等光景？

II

談完身體，來談知識

　　他們的祖先以數千年的時間為基礎，建立了他們的文化，其間綴飾著古希臘－羅馬文明、猶太教聖經、若干楔形文字石板、一個短暫的史前時代。如今，他們的時間以十億年計，上溯至普朗克的邊界（barrière de Planck），旁及行星的吸積（accrétion）和物種演化，是一種以百萬年為尺度的古人類學。

　　他們不再居住於相同的時間，而是活在另一種完全不同的歷史裡。

　　他們被媒體格式化，他們的專注力被成人播放的媒體細心摧毀——根據官方數據，媒體將畫面縮減至七秒，將回答問題的時間縮減至十五秒；最常重複的字是「死」，

最常出現的畫面是屍體。從十二歲開始，這些成人強迫他們看了超過兩萬起殺人案。

他們被廣告格式化：如果所有火車站的海報上印的都是英文的「relay」，我們要怎麼教他們，法文的「驛站」（relais）結尾是「-ais」？如果法國國鐵奇蠢無比地發送名為「S'Miles」的里程數，我們要怎麼教他們公制里程單位？[2]

我們成人已經把我們的表演社會（société du spectacle）轉變成教學社會，浮誇而沒有文化的激烈競爭讓小學和大學黯然失色。在聆聽和觀看的時間上，就吸引力與重要性而言，媒體長久以來已經奪取了教學的功能。

儘管就人口比例來說，我們法國的教師是近年諾貝爾獎和菲爾茲獎（Fields Medal）獲獎人數的紀錄保持者，但他們既可憐又低調，飽受批評、輕視、嘲諷，成為這些宰制、富有又喧囂的媒體老師最少聽見的聲音。

這些孩子居住在虛擬之中。認知科學顯示，使用網路，

2　「S'Miles」的命名趣味在於英文 smile（微笑）和 mile（英里）的組合，然而法國習用的里程單位是公制的 kilomètre（公里）。

閱讀訊息或以拇指書寫訊息，查看維基百科或臉書，這些行為跟使用書本、黑板或筆記本所刺激的神經元和大腦皮質區是不同的。這些孩子可以同時處理好幾項資訊。他們不會像我們——他們的父祖輩——一樣去認識，去整併，去綜合。

他們的頭腦和我們的不再相同。

透過手機，他們可以連接到所有人；他們靠 GPS（全球衛星定位系統）到達所有地方；他們藉網路讀取所有知識：所以他們的出沒之處是由鄰域（voisinages）構成的拓樸空間（espace topologique），而我們生活的地方是一個以距離為參照的度量空間。

他們居住的空間和我們的不再相同。

在我們不曾察覺的情況下，在一九七〇年代與今日之間的一個短暫時期，一種新的人類誕生了。

他或她不再有相同的身體，不再有相同的預期壽命，不再以相同的方式聯絡，不再看見相同的世界，不再生活於相同的自然環境，不再居住於相同的空間。

他或她在計劃下孕育，在減痛分娩中誕生，因為有了

安寧療護，他或她不再恐懼相同的死亡。

他或她和父母的頭腦不再相同，他或她以不同的方式認識事物。

他或她以不同的方式書寫。我滿懷讚歎看著他／她以兩個拇指發送簡訊，這是我笨拙的手指永遠無法企及的，於是我懷抱著一個祖父所能表達的最多的溫柔，將他們命名為「拇指姑娘」或「拇指少年」。他們的名字就是這麼來的，比那個假學究的舊字眼「dactylo」[3] 漂亮多了。

他們不再說相同的語言。從黎胥留[4]的時代開始，法蘭西文學院（Académie française）大約每二十年出版一次我們的《詞典》作為參照。在前幾個世紀，前後兩個版本的差異只有四、五千字左右，數字幾乎維持常態；到了現在，前一版和下一版的差異會有三萬五千字。

依此節奏，可想而知，很快地，明日我們後代的語言和我們的語言之間的距離，有可能就像今日的我們和克雷

3　dactylo：【法文】dactylographe 的縮寫，意為「打字員」，詞源為 dactylo-（手指）與 -graphe（寫字的）的結合。

4　黎胥留（Richelieu，一五八五－一六四二）：天主教樞機主教，法王路易十三的首相，一六三五年創建法蘭西學院。

提安 · 德 · 特魯瓦[5]或莊衛勒[6]使用的古法文之間同樣遙遠。這樣的梯度為我所描繪的變化做了某種近似圖像的說明。

　　這個巨大的差異發生在大多數的語言裡，究其原因，部分在於前些年的職業類別與今日的職業類別之間的斷裂。拇指姑娘和拇指少年投入的不再是相同的工作。

　　語言改變，工作也產生了質變。

5　克雷提安 · 德 · 特魯瓦（Chrétien de Troyes，約一一三〇－一一八〇至一一九〇）：法國行吟詩人，以有關亞瑟王與聖杯傳說的古法文創作聞名。
6　莊衛勒（Jean de Joinville，約一二二四－一三一七）：法國貴族，曾隨法王路易九世進行第七次十字軍東征，並為其立傳。

III

個體

　　而且，更好的是，現在這兩位都是個體了。聖保羅在耶穌紀元之初所發明的個體，近日才剛剛誕生。從前，我們的生命一直都與我們的屬性緊緊相依：法國人、天主教徒、猶太人、新教徒、穆斯林、無神論者、加斯科涅人（gascons）或皮卡第人（picards）、女人或男性、貧民或富人……，我們從屬於地域、宗教、文化（農村的或城市的）、團隊、市鎮、性別、方言、政黨、祖國。透過旅行、影像、網路和可惡的戰爭，這些群體幾乎全都炸開了。

　　剩下的散成絲縷。

　　個體不再明白如何共度伴侶生活，於是離婚；他不再知道在課堂上要循規蹈矩，於是四處走動，聊天；他不再上教區的教堂祈禱。去年夏天，我們的足球隊員不知團隊

如何運作[7]；我們的政治人物還有能力組成可靠的政黨或穩
定的政府嗎？眾人皆曰意識形態已死，其實是意識形態徵
召的那些屬性消散了。

　　這個新生的個體，說來是個好消息，他們讓嘮叨老人
所謂「自私」的壞處得以平反。相較於那些因為（而且也
是為了）各種屬性的**慾力（libido）**而犯下的罪行——造成
數億人的死亡——我衷心喜愛這些年輕人。

　　話雖如此，新的關係仍有待創造。臉書加朋友的運作
方式見證的就是這個，它的範圍與全球人口幾乎是等位的
（équipotent）。
　　拇指姑娘就像一個沒有原子價的原子，光裸裸的。我
們成人並沒有創造出任何新的社會關係。普遍化的懷疑、
批評和憤怒其實是在摧毀社會關係。

　　我稱為**「初成人」**[8]的這種轉變在歷史上極為罕見，在

7　指 2010 年法國隊於世界杯足球賽中內鬨不斷，球員不服教練，集體罷練。
8　「初成人」（hominescent）：米榭・塞荷自創新詞，意指初成為人的重要演變階
　　段。有別於「演化為人」（hominization）。塞荷曾於 2001 年出版《人之初成》
　　（*Hominescence*）一書。

我們的時代，在我們的各種群體中，這些轉變造成如此寬闊、如此明顯的裂縫，卻鮮少有目光將之與顯而易見的那些時期相提並論——諸如新石器時代、基督教年代的初啟、中世紀的終結和文藝復興。

在這斷層的側翼，出現的是一些我們聲稱要教育的年輕人，而我們的教學框架年代久遠，年輕人已經不認識了：包括樓房、操場、教室、階梯講堂、校園、圖書館、實驗室，甚至知識本身……，這些教學框架，我的說法是，年代久遠，它們適合過去的那個年代，而現在的人和世界已不復如是。

譬如這三個問題。

IV

傳遞什麼？傳遞給誰？如何傳遞？

傳遞什麼？傳遞知識！

從前從前，知識的載體一直是學者的身體——或是吟遊詩人，或是格里奧 [9]，是一座活生生的圖書館……：也就是教育者進行教學的身體。

漸漸的，知識客體化了：首先是在卷軸裡，在犢牛皮或羊皮上，這些是書寫的載體；後來，從文藝復興時代開始，知識在紙本書裡，這是印刷的載體；最後是今天，在網路上，這是訊息和資訊的載體。

「載體－訊息」這一組合的演化史是教學功能的一個極佳的變項。因為「載體－訊息」的演化，教學法至少改

9　格里奧（griot）：西非地區的某種世襲職，身兼琴師、詩人、口傳文學家。

變了三次：有了書寫，希臘人發明了**派代亞**[10]；有了印刷術之後，教學法的論著大量出現。那麼，今天呢？

我再重複一次。**傳遞什麼？知識嗎？請看，網路上隨處可得，自由取用，知識已經客體化了。傳遞給所有人嗎？如今，所有知識對所有人來說都是可及的。如何傳遞？這已經不是問題了。**

透過行動電話連接到所有人，藉由 GPS 到達所有地方，知識的抵達之路從此開敞。就某種意義而言，不論何時何地，知識都已經完成傳遞了。

客體化，確實如此，而且是發送出去，而非集中。我說過，從前，我們活在一個度量空間裡，以某些中心、某些人事物的集中為參照。一所學校、一個班級、一個校園、一間階梯講堂，這是人的集中（學生和教授），書本則集中在圖書館，儀器集中在實驗室……如今，這種知識，這些參考資料，這些文字，這些字典，已經被發送到各地，特別是，送到您的身邊——甚至連天文台也可以送過來！——更好的是，不論您去任何地方，都可以送到那裡。於是，不論您的同事、學生到哪裡，您都可以接觸到他們，

10　派代亞（paideia）：希臘文，意指「教育」或「兒童教養」。

他們也可以輕鬆地回應。

　　舊有的集中空間——我說話的這裡，也就是你們聽我說話的地方，我們在這裡做什麼？——這空間稀釋了，擴散了；我們生活在一個轉瞬可達的鄰域空間，而且，是一個可以發送的空間。我可以在我家跟你們說話，你們在家或在別處也可以聽到我說話。所以，我們在這裡做什麼？

　　千萬別跟我說，學生缺少認知功能，無法吸收如此發送的知識，畢竟，事情就是如此，這些功能會隨著載體自行轉化，而且也會被載體轉化。因為書寫和印刷，記憶產生了質變，蒙田（Montaigne）甚至想要一個發展良好的頭腦，而不是一個裝得滿滿的頭腦。這個頭腦剛剛才又質變了一次。

　　教學法是希臘人發明的（**派代亞**），背景是書寫的發明與推廣的時刻；同樣的，在文藝復興時代，印刷術興起之際，教學法改變了；同樣的，因為新科技的出現，教學法徹底改變，而這些新事物不過是我引述過或可以列舉的一、二十項變數當中的一項。

　　教學上如此決定性的改變，在全球社會的整體空間和

所有過時的制度上逐漸引起反響，這樣的改變不僅與教學
有關，再遠一點，也觸及工作、企業、健康、法律和政治，
簡言之，它觸及我們整體的制度，我們對此感到某種迫切
的需求，可是我們和它的距離依然遙遠。

　　或許是因為，在最終幾個階段的過渡之中流連不去的
那些人還沒退休，他們還在奮力推動改革，而依據的卻是
早已過時的模式。

　　我執教半個世紀，在世界各地當過老師，這些地方一
如我自己的國家，都有這般敞開的罅隙，我承受、忍受這
些改革，它們就像是膏藥貼布貼在木腿上，草草修補了事。
可是這些貼布會造成脛骨損壞，就算是人工的也一樣；原
本是想讓組織癒合，結果卻將組織撕裂得更嚴重。

　　是的，數十年來，我看到我們經歷的這個時期可以和
派代亞的發軔之際相比擬，當時，希臘人學會了書寫和論
證；這個時期和文藝復興時代相似，當時印刷術誕生，紙
本書的盛世因而來臨。這個時期卻又無可比擬，因為，在
這些技術質變的同時，身體也會變形，生與死，痛苦與療
癒，職業，空間，居住條件（habitat），在世存有（être-
au-monde）都在改變。

V

小結

　　面對這些質變，是該創造一些無從想像的新事物，跳出過時的框架——我們淹沒在表演社會中的行為舉止、媒體、各種計劃，一直都還受到這些框架的格式化。我看到我們的學校散發著彷彿來自某些星座的光，而天文學家告訴我們，這些星座在許久之前早已死亡。

　　為什麼這些新事物沒有冒出來？我怕這會罵到哲學家，包括我在內。哲學家以預測未來的知識與實踐為職志，可是在我看來，這些人的工作似乎失敗了。他們涉入政治，只見眼前，聽不見當代人事物來到的聲音。

　　通常，如果我得為包括我在內的成人們速寫一幅肖

像，這幅肖像會比較不討喜。

　　既然一切都要重新做起，既然一切都有待創造發明，我希望自己是十八歲，拇指姑娘和拇指少年的年紀。

　　我期待生命留給我足夠的時間，讓我還可以工作，陪伴拇指世代——我已將一生奉獻給他們，因為我始終懷抱敬意，深愛他們。

2

學校

拇指姑娘的頭

　　雅克‧德‧佛拉金在他的《黃金傳說》[11] 裡提到，在圖密善王（Domitien）迫害基督徒的年代，曾有神蹟在盧泰西亞[12] 降臨。羅馬軍隊在這裡逮捕了巴黎最早期的基督徒推選的主教德尼（Denis）。他先是被監禁在西堤島，接著遭受酷刑，最後被判在後來被稱為蒙馬特的小丘頂上執行斬首刑。

　　偷懶的羅馬士兵決定不要爬到那麼高，在半路就處決了受刑者。主教的頭顱滾到地上。駭人的一幕來了！被斬首的德尼又站了起來，拾起頭顱，捧在手上，繼續走上斜坡。神蹟！羅馬士兵們嚇壞了，拔腿就逃。作者還說，德尼停歇片刻，就著一處泉水將他的首級略作清洗，然後繼續上路，一直走到現在的聖德尼鎮。這是他被封聖的來由。

　　拇指姑娘打開電腦。就算她不記得這則傳奇，她還是可以說她的腦袋在她面前，拿在雙手之間，她的腦袋滿滿的，因為裡頭儲存了大量資訊，而且，她的頭腦發展良好，

11　《黃金傳說》（*Legenda aurea*）：基督宗教的聖人、殉教者列傳。作者雅克‧德‧佛拉金（Jacques de Voragine，一二三○－一二九八）為義大利熱那亞第八任總主教，一八一六年受封為真福者。
12　盧泰西亞（Lutèce）：古羅馬時代的高盧城市，今日的巴黎。

因為各家搜尋引擎在其中爭相打開文字和圖像，還有十種軟體可以幫忙處理無數資料，比她自己動手還快。在那裡，在身體外部，她擁有從前在身體內部的認知，就像聖德尼持著他離開了脖子的首級。可不可以想像，一個被斬首的拇指姑娘？是神蹟嗎？

近來，我們全都和拇指姑娘一樣，變成了聖德尼。我們的聰明頭腦，離開了我們由骨骼與神經元構成的頭腦。電腦這個盒子在我們的雙手運作下，其實裝載著也驅動著從前我們稱之為「能力」（facultés）的東西：記憶，比我們的強大千倍；想像，配備的圖標（icônes）數以百萬計；還有理性，那麼多的軟體可以解決我們無法獨力解決的一百個問題。我們的頭腦被扔在我們面前，成了這個客體化的認知盒子。

斬首之後，我們的肩上還剩下什麼？生猛的創新直覺。掉入盒子之後，學習這件事留給我們的是創造發明的熾烈樂趣。火光熊熊：我們注定會變得聰明嗎？

印刷術出現時——我在前面說過——蒙田寧可要一個發展良好的頭腦，而不是一份積累的知識，畢竟這種積累已經客體化了，藏在書裡，放在他的藏書室的層層架上；在古騰堡[13]之前，如果做的是歷史研究，就必須熟知修昔

13　古騰堡（Gutenberg，約一四〇〇－一四六八）：歐洲活字印刷術的發明人。

底德[14]與塔西陀[15]，如果對物理有興趣，就要熟知亞里斯多德和所有古希臘的力學家，如果想在演說術這方面出類拔萃，就得熟讀狄摩西尼[16]和昆體良[17]……所以滿腦子裝的都是這些東西。省事的做法：記得這本書收在藏書室的哪個書架和架上的位置，就記憶來說，這樣的成本比記住整本書的內容便宜多了。新的省事做法更激進：根本連位置也不必記了，一個搜尋引擎就可以搞定。

從此，拇指姑娘被砍下的頭和那些發展良好而不裝滿的老頭顱不一樣了。她不必再拼命讀書學習知識，畢竟知識就扔在她的眼前，客觀，收集好的，集體的，連結好的，可以輕鬆讀取，而且已經被人審閱十次也驗證過十次，她可以回去找那突出於斷頸之上的空洞殘肢。那裡有空氣流過，有風拂過，更好的是，還有博納[18]這位老派浮誇的藝術家在巴黎先賢祠的壁畫上述說聖德尼神蹟時畫下的光。那裡有新的天分，有創造性的智力，有真正的認知主體性；

14　修昔底德（Thucydide）：古希臘歷史學家、思想家，《伯羅奔尼撒戰爭史》作者，約生於西元前四六〇年。

15　塔西陀（Tacite，五八－一二〇）：羅馬帝國元老院長老、歷史學家、文體家。

16　狄摩西尼（Démosthène，前三八四－前三三二）：古希臘演說家，馬其頓國王腓力二世的頭號反對者，極力反對馬其頓入侵希臘。

17　昆體良（Quintilien，約三五－九六）：羅馬帝國雄辯家，所著《雄辯家的教育》對後世雄辯術的影響長達數世紀。

18　博納（Bonnat，一八三三－一九二二）：法國畫家，畫過同代約兩百位名人的肖像。

拇指姑娘的原創性藏身於這半透明的空無之中，在這宜人的微風之中。知識近乎無償，可是卻難以掌握。

拇指姑娘會慶祝知識年代的終結嗎？

硬與軟

人類的這個決定性改變是如何發生的？就實用、具體層面而言，我們無可避免會認為革命是圍繞著硬的事物發生的：像是引進錘子和鐮刀這些工具。我們甚至以這些工具的名字為某些歷史時期命名──最近的工業革命，青銅時代和鐵器時代，磨製石器或石器。我們多少有一點耳聾目盲，對於符號（軟的）賦予的關注少於對這些器械（碰觸得到的、硬的、實用的）的關注。

然而，書寫的發明及其後印刷術的發明，在文化與集體事物方面造成的動盪更甚於那些工具。硬，在俗世的事物上展現功效；軟，則在人的制度上展現功效。技術（techniques）引領硬科學，或以硬科學為前提；科技（technologies）以人文科學、公眾集會、政治與社會為前提，並且引領這些範疇。如果沒有書寫，我們會聚集在城市嗎？我們還能不能制定法律，建立國家，建構一神教和

歷史，發想精確的科學，施行**派代亞**……？我們是否能保障它們的延續？如果沒有印刷術，我們是否還能在文藝復興時期讓這些制度與公眾集會產生整體的改變？「軟」可以將運用「硬」的這些人組織、聯合起來。

我們經常沒有意識到，今日，我們生活在一起，我們是書本之子，也是書寫的孫輩。

書頁空間

藉由印刷的形式，如今書寫在空間中處處可見，幾乎入侵、遮蔽了地景。廣告海報、交通號誌、標示著箭頭的街道、火車站的時刻表、體育館的記分板、歌劇院的翻譯字幕、猶太教堂裡的先知書卷、基督教教堂裡的福音書、大學校園裡的圖書館、教室裡的黑板、階梯講堂裡的PowerPoint、期刊和報紙……：**書頁（page）**支配我們，引領我們。螢幕複製了書頁。

農村的地籍圖、城市地圖或都市計劃圖、建築師的藍圖、工程草圖、公共場館和私人房間的設計圖……這些圖畫透過編定頁碼的柔和方格，模仿著我們先人居住的**鄉里（pagus）**[19]——一塊塊播種苜蓿的方形土地，一片片耕耘

19　鄉里（pagus）：【拉丁文】古羅馬時代高盧人的行政區。

過的作地，農人在堅硬的土地留下犁鏵的痕跡；在這切割好的空地上，犁溝已書寫著它的線條。這是感知、行動、思想、計劃的空間單位，這是數千年不變的格式，幾乎是我們人類預設的格式，至少對西方人來說是如此，就像六角形之於蜜蜂。

新科技

這種書頁格式對我們的支配這麼深，這麼無形，就連新科技也還無法擺脫它。電腦螢幕──打開就像一本書──模仿的是它，拇指姑娘還是用十根指頭在上頭書寫（或者在手機上，用兩根拇指書寫）。書寫完成，拇指姑娘迫不及待要印出來。各種不同來路的創新者都在尋找新的電子書，在此同時，這種電子產品還是擺脫不了書，儘管它帶來不同於紙本書，也完全不同於超越歷史的書頁格式的東西。此事有待繼續發現。拇指姑娘會幫助我們。

我還記得數年前我所感受到的驚訝，在我執教三十年的史丹福大學校園裡，見到一棟棟大樓在「主方院」（Main Quadrangle）附近冒出來，贊助者近在咫尺，都是矽谷的億萬富翁。這幾棟大樓以資訊為名目，外表幾乎一模一樣，

都是金屬，都是混凝土，而在不遠處的那些磚造建築裡，
一扇扇窗戶裡，百年來講授的都是機械工程或中世紀史。
同樣的樓面配置，同樣的教室和走廊：格式的靈感始終來
自書頁。彷彿最近的這次革命（強度至少與印刷術和書寫
的革命相當）完全沒有改變知識，沒有改變教學方法，也
沒有改變昔日被書本也為了書本而創造出來的大學空間本
身。

　　不行。新科技必須走出書本和書頁的空間格式。但是，
如何出走？

一段簡史

　　首先：日常的工具將我們的力量（硬的）外部化；肌肉、
骨骼和關節從身體出航，航向簡單的器械，也就是模擬相
同功能的槓桿和滑輪組；人體散發的高體溫是我們能量的
源頭，它接著出航，航向發動機。如今，新科技終於將流
通於神經系統的訊息與運算外部化，這是資訊與代碼（軟
的）；認知，也有一部分航向這個新工具。

　　那麼，巴黎的聖德尼和少年、少女們被砍斷的脖子上，
如今還餘留什麼？

拇指姑娘的沈思

　　我思：我的思想不同於知識，不同於認識的程序——記憶、想像、演繹、細緻與幾何……隨著突觸和神經元一同外部化到了電腦之中。更好的是，如果我和這樣的知識、這樣的認識有了距離，如果我脫離了它們，那麼我可以思考，我可以創造。我改宗皈依這空無，皈依這無從捉摸的空氣、這靈魂（這個詞正意味著一種流動的空氣）。我想的比這些被客體化的「軟」更柔軟；只要我能抵達這空無，我就可以創造。請不要再以我的頭腦來辨認我，也不要以這顆頭顱填充的密度，以它個別的認知形象來辨認我，而是透過這個頭腦非物質性的缺席，透過身首剎離所散發的通透光芒。透過這無有。

　　如果蒙田要解釋一個頭腦如何發展到完美，他應該會畫一個可以裝填的盒子，這麼一來，裝得滿滿的頭腦還是會出現。如今，若要畫這個空腦袋，它還是會落到身體之外，掉到電腦裡面。不要，請不要將它砍下再換上另一顆頭顱，請不要因為面對空無，徒生焦慮。來吧，不要喪氣……知識及其格式，認識及其方法，此中有無窮的細節與奇妙的綜合，我的前輩們如收集鎧甲般，記錄在書頁下

方，聚積在萬卷藏書裡，而他們卻指責我遺忘了，這一切，當施刑者的刀劍揮向聖德尼，這一切，墜入了電子箱裡。怪異、近乎野性的**自我（ego）**從這一切撤離，甚而從此飛行在空無之中，在空白純樸的無有之中。創造性的智力取決於它與知識的距離。

　　思想的主體剛剛發生改變。斬首之後的脖子燃著白色的火，活化了這些不同於前人腦中與書寫、閱讀有關的神經元，它們嗶嗶剝剝散落在電腦裡。

　　新的知性自主由此而生，相應和的是無拘無束的身體動作和喧嘩的人聲。

人聲

　　直到今天早上，包括今天早上在內，教師在教室或階梯講堂裡講授的，都是已有部分存在書本裡的這種知識。他將一頁書面資料化為口語。如果他要創造發明（此事罕見），他會在第二天寫一頁彙整。他的教席讓這個傳聲筒的聲音傳入聽眾耳中。為了這場口語播放的節目，他要求現場保持安靜。如今此願不再得償。

　　我們稱之為閒聊的這股浪潮，從童年時期開始成形，

小學算是預備階段，到了中學，浪潮掀成海嘯，到了大學，階梯講堂已被閒聊淹沒，這是史上首見，滿室喧嘩，永無止息，聽課成了費勁的事，書本的老邁聲音幾不可聞。這樣的現象十分普遍，不難察覺。拇指姑娘不閱讀，也不想傾聽書面的東西在說些什麼。這像是一幅舊廣告的畫面，留聲機前的狗兒再也聽不到主人的聲音。三千年來，拇指姑娘和她的兄弟姊妹被迫安靜，如今卻如合唱般製造著雜音，淹沒了書寫的傳聲筒發出的聲音。

在同學們嘰嘰喳喳的喧嘩聲中，拇指姑娘為何一同閒聊？因為此刻正在宣讀的這種知識，所有人都已經有了。完整無缺。任君使用。隨手可得。透過網路、維基百科、手機，透過任何入口網站都可以讀取。附帶解釋、相關文獻、插圖，錯誤也不比最佳的百科全書多。沒有人還需要從前的這些傳聲筒了，除非有哪個傳聲筒具有創造發明的特質，原創，而且罕有。

知識的年代終結了。

供給與需求

新的渾沌猶如開天闢地前的混亂，宣告著一種翻轉，

首先是教學法，其次是所有面向的政治。從前，教學是一種供給，具有唯我獨尊、單向傳導的特質，從來沒有把需求的意見與選擇當一回事。這就是知識，儲存於書本的紙頁裡，由傳聲筒如是宣講，展示，朗讀，述說；接著是聆聽，閱讀——如果你們想獲得知識的話。總歸一句，安靜。

供給說了兩次：閉嘴。

結束了。閒聊的浪潮拒絕這種供給，閒聊要宣告，創造，表現一種新的需求——應該是對於另一種知識的需求。翻轉！我們這些擴音器教師，輪到我們聆聽這嘈雜混亂的喧嘩了，這種閒聊的需求來自受教者，從前沒有人會徵詢他們的意見，沒有人想知道他們是不是真的需要這種供給。

為何拇指姑娘對於傳聲筒所說的越來越不感興趣？因為，面對不斷增加的知識撲天蓋地而來，無時無處不可得，個別零星的供給變得不值一顧。殘酷的是，問題的重點在於從前我們必須為稀有、秘密的知識而移動，如今知識輕鬆可得，數量過剩，近在咫尺，小小容量即可承載，可以讓拇指姑娘裝進口袋，放在手帕裡。通往知識的浪潮高漲，和閒聊掀起的浪頭一樣高。

這個早晨，無視需求的那種供給死亡了。隨之而來且取而代之的巨大供給在需求的面前倒流了。學校如此，而

且我要說，政治也將如此。專家的年代終結了嗎？

小殭屍

　　狗兒端坐，耳朵和嘴巴都貼在留聲機的傳聲筒上，聽得入迷，動也不動。我們這些安靜乖巧的孩子，從幼年時期就開始這般漫長的生涯，屁股不動，安安靜靜地排排坐。我們從前的名字正是如此：小殭屍。我們的口袋是空的，我們乖乖聽話，不只服從老師，更服從知識，而老師自己也謙卑地服從著知識。老師和學生都將知識視為至高無上的權威，沒有人敢寫論文探討關於自願服從知識的問題。甚至有人被知識嚇壞了，因而產生學習障礙。這樣的人不笨，只是受到驚嚇。我們得試著明白這個悖論：知識是要讓人接受、理解的，一個人之所以不理解並且拒絕知識，一定是因為它太嚇人。

　　哲學有時甚至會以高調的大寫提到絕對知識（Savoir Absolu），這就需要順從的鞠躬哈腰，一如我們的先人在神授的絕對君權之前卑躬屈膝。知識民主從來就不存在，並非某些握有知識的人就握有權力，而是知識本身強制著身體要卑躬，也強制著那些握有知識的人。最謙遜的身體，

也就是教學的身體，一邊授課，一邊向這不在場的絕對，向這無法企及的全體作勢致意。身體震懾，動也不動。

小學、中學、大學的空間已經受到書頁的格式化，又受到這銘刻於身體姿勢之中的階層分級的格式化。安靜，頂禮。所有人都聚焦於講台，傳聲筒要求台下安靜、不動，這是在教學中複製法庭聚焦於法官，劇場聚焦於舞台，宮廷聚焦於王座，教堂聚焦於祭壇，住所聚焦於壁爐……多樣性聚焦於單一。座位一個挨著一個，一排接著一排，為的是這些洞穴教育機構裡靜止不動的身體。這正是給聖德尼判刑的法庭。行動者的年代終結了嗎？

身體的解放

新事物。可以輕鬆到手，這讓拇指姑娘，也讓所有人的口袋裡裝滿知識，放在手帕裡。現在身體可以走出洞穴[20]了——從前在洞穴裡，專注，安靜，卑躬，猶如鎖鏈，將身體束縛在椅子上。如果此刻我們強迫他們坐下，他們也不會乖乖坐在這些座位上。我們會說他們太吵了。

20　此處援引柏拉圖的「洞穴比喻」：禁錮於洞穴中的囚犯，只能看見映在岩壁上的光，知覺永遠停留在幻象。典出《共和國》第七卷。

不。階梯講堂的空間，從前是一種力場的呈現，管弦樂團的重力中心在講台上，在講台的焦點上，在一個如同字面意義的 *power point*（**力點**）上。過去，稠密沉重的知識都集中在那裡，外圍幾乎空無一物。如今知識遍地，散布於一個同質、去中心、可以自由運動的空間裡。從前的教室已經死了，儘管我們放眼望去依舊只有教室，儘管我們只知道蓋教室，儘管表演社會強制的積習依舊。

身體動了起來，走來走去，比手畫腳，叫喚，彼此招呼，興致勃勃地交換在手帕裡找到的東西。安靜之後是閒聊，靜止不動之後是喧嘩？不是的，拇指世代從前是被這鎖鏈捆綁在原地的囚犯，動也不動，安靜，緘默無語，屁股安坐在那裡，如今他們掙脫了數千年洞穴的鎖鏈。

機動性：駕駛與乘客

教室或階梯講堂這種具有中心或焦點的空間，也可以藉由交通工具載運乘客來描述：火車、汽車、飛機，乘客們排排坐在車廂、座艙或機身裡，任由駕駛引領他們往知識前進。現在，請看看乘客的身體，無精打采，肚皮朝天，眼神茫然，被動。相反的，駕駛主動而認真，弓著背，兩

條臂膀迎向方向盤。

　　拇指姑娘使用電腦或手機時，兩種工具的要求都是一個主動而緊張的駕駛身體，而不是一個被動而放鬆的乘客。是需求，而非供給。這時拇指姑娘會拱著背，不會肚皮朝天。如果您將這位小姑娘送進一間教室，她習於駕駛的身體將無法忍受長時間待在被動乘客的座席；她駕駛的機器被剝奪了，於是她開始躁動。喧嘩。如果您將一台電腦交到她手裡，她會找回駕駛的身體慣有的姿態。

　　現在只剩下駕駛，只剩下會動的了；劇場的空間不再有觀眾，在場的都是演員，會動的演員；法庭不再有法官，只剩下演說者，積極活躍的演說者；神廟裡不再有祭司，聖殿裡擠滿講道者；階梯講堂裡不再有大師，到處都是老師……我們還可以這麼說，政治競技場上，強人不再，從此滿場盡是意見明確的人。

　　決策者的年代終結了。

第三教育 [21]

　　拇指姑娘在她的機器裡尋找並且找到知識。從前，這

21　第三教育（la tierce-instruction）：這個標題源自米榭・塞荷於一九九二年出版的《第三受教者》（*Le Tiers-Instruit*）。

知識難得一見，只以切塊、切片、切丁的方式呈現。從前，知識的分類系統一頁接一頁，分配給每個學科，於是它們得到各自的份額，擁有各自的科系、場所、實驗室、藏書、信譽、傳聲筒和行會利益。知識分裂成諸多教派。現實碎裂，四散紛飛。

譬如河川，它的身影逐漸消失在諸多分散的凹地之下。這些凹地是地理學、地質學、地球物理學、流體力學、沖積層的結晶學、魚類生物學、漁業科學、氣候學，這還不說河川流經平原的農藝學、潮濕城市的歷史、沿岸居民之間的競爭與對立，還有行人步橋、船歌和〈米哈波橋〉[22]……。通往知識的輕鬆道路若將這些碎片混合、整合、融合起來，將散落的殘肢組成河流的活體，知識之路就可以完整地、恰如其分地停棲於河川上。

可是要如何讓分類融合，讓邊界消失，讓已被切割成格式的書頁重新接合，讓大學的平面圖疊合起來，讓階梯教室結合起來，讓二十個科系疊成一落，讓這麼多高明的專家彼此理解（每一位都自認對於高深的知識擁有獨一無二的定義權）？如何改變大學校園的空間（現行的模仿對象是古羅馬帝國堡壘圍繞的軍營，而這兩者都被標準的道

---

22 〈米哈波橋〉（*Le Pont Mirabeau*）：法國詩人阿波里奈爾（Guillaume Apollinaire）發表於一九一二年的詩作。

路劃成方格，用來配置毗鄰並列的部隊或花園）？

　　答案是：聆聽那來自需求、世界、群體的雜音，跟隨身體的新動作，同時試著讓人更明白新科技引領的未來。什麼，又要再來一次？

不協調對抗分類

　　換句話說，該如何描述布朗運動[23]？——噢，這真是弔詭——我們至少可以透過卜希寇（Boucicaut）的意外發現來促進布朗運動。

　　卜希寇是「好市集」（Le Bon Marché）百貨公司的創辦人，他先是依照井井有條的貨架和分區將販售的商品分門別類，每個盒子都安安穩穩地各就各位，分門別類，井然有序，一如排排坐的學生或營壘裡的古羅馬士兵。「類別」（classe）這個詞，最初的意思是這種排列緊密的軍隊。卜希寇以**婦女福祉**為訴求，它的百貨公司包羅萬象（universel），一如以學習樂趣為訴求的大學（université），由於這是第一次，「好市集」匯集了一個老顧客所能夢想

23　布朗運動：一八二七年，英國植物學家羅伯特 · 布朗（Robert Brown）發現懸浮於水中的花粉迸裂出的微粒會呈現不規則狀的運動，因而得名。

的一切，包括食品、服飾、化妝品，結果很快就成功了，卜希寇賺了大錢。左拉（Émile Zola）有一部小說以這位創新者為主人翁，敘述他的沮喪：那陣子，百貨公司撞上了營收天花板，許久都無法突破。

一天早上，他的腦中靈光一閃，決定打亂這種理性的分類，把店裡的一條條走道變成一座迷宮，貨架排列毫無章法。拇指姑娘的祖母原本要來買大蔥回家煮湯，結果因為這場精心策劃的機遇，她被迫穿越綢緞蕾絲區，最後她不只買了菜，還買了一些首飾……銷售金額於是突破了天花板。

不協調擁有理性所沒有的一些功效。秩序實用而迅速，卻會導致束縛；秩序有利於運動，但最後會將運動凍結。**核對清單（check-list）**是行動必須的，但它會扼殺發現的可能性。空氣透入混亂之中，混亂猶如器械當中的空隙，而空隙可以激發創造。在脖子與斷頭之間，出現了同樣的空隙。

讓我們跟著拇指姑娘走進這些空隙，讓我們聆聽卜希寇天外閃現的靈光（從此所有商店都實行他的作法），讓我們打亂科學的分類，讓我們把物理系放在哲學系旁邊，

把語言學放在數學對面，把化學和生態學放在一起。我們甚至可以在細節裡琢磨，剁碎這些細微的內容，讓某位研究者在他的門前遇見來自另一片古怪的穹蒼，操持另一種語言的研究者。他不必擱下手邊工作就可以到遠方旅行，行至古羅馬帝國理性的**軍營**，垂直劃分，隔成方形的部隊，繼而出現的可能是形形色色瓷磚拼貼的馬賽克，宛如萬花筒，鑲嵌藝術的展現，一籃絢麗的乾燥花瓣。

　　《第三受教者》已夢想著大學的空間是混雜的、多色的、雜色的、色彩斑斕、群星璀璨……真實如一片風景！從前必須奔赴遠方才能迎向別人，從前我們待在家中就聽不到別人說話，如今雙腿不停奔跑，我們卻毋需移動。

　　有些人的作品挑戰一切分類，並且隨風播種，豐富了創造力，反觀那些偽理性的方法，從來就毫無用處。如何重繪書頁？我們必須忘記理性的秩序，秩序當然會有，但是不要理性的秩序。我們必須改換理性。唯一真正的智性行為，就是創造發明。所以，我們還是去愛電腦晶片的迷宮吧。卜希寇和我祖母萬歲！拇指姑娘高喊。

抽象概念

概念有時如此難以成形，我們究竟如何思考？告訴我，美是什麼。拇指姑娘答道：一個美麗的女人，一匹美麗的牝馬，一道美麗的曙光……等等，別再說了；我問你一個概念，你舉千百個例子給我，你拿小姑娘和小母馬回答，這樣下去永遠沒個了結！

從此，抽象概念成了一種陣容巨大的想法：「美」的手中握有一千零一個美女，幾何學家的圓包含了成千上萬、無以數計的圓圈。如果從前我們得引述這些數量驚人、永無止境的美女和圓圈，我們根本無法書寫，也無法閱讀書頁和書本。而且，如果不去召喚概念來塞住這些裂縫，塞住這無限的列舉，我也無法劃定書頁的邊界。抽象的作用就是塞子。

我們還需要這種塞子嗎？我們的機器羅列展示的速度如此迅捷，可以無限細數個別事物，可以在原創性之前停下腳步。如果光的形象依然可以——請容我這麼說——作為知識的象徵，那麼，我們的祖先說的是它的清晰，而我們說的毋寧是它的速度。搜尋引擎有時可以取代抽象。

一如前文提到的主體，認知的客體也剛剛改變了。我

們對於概念並沒有必然的需要。有時需要，但並非隨時。
我們可以恣意流連於這些敘述、舉例與個別事物上頭，流
連於這些事物本身，超過必要的時間也無妨。這些新現象
不論在實際運用或理論上，都將尊嚴重新賦予了描述的知
識與個體的知識。於是，知識將其尊嚴提供給可能、偶
然、個別事物的模式。再一次，某種階層分級崩塌了。數
學家成了渾沌理論專家，從此不能看不起「生命與地球科
學」[24]，這門學科已經運用了卜希寇式的混合，必須以集成
的方式授課，因為如果我們以分析的方法切割活生生的現
實，現實就會死亡。再一次，理性的秩序當然還有效，只
不過有時是過時的，它讓位給一種新的理性，這種理性接
納個別的具體事物，所以自然是龐雜繁複有如迷宮的……
敘述。

建築師打亂大學校園的劃分。

流通的空間，擴散的口語性，自由運動，分科教室的
終結，不協調的配置，意外發現帶來的發明，光的速度，
主體與客體的新形態，對另一種理性的探尋……：知識的

---

24 「生命與地球科學」（SVT，Sciences de la vie et de la Terre）：法國中、小學科學教育的一部分。

傳播再也不可能發生在世界上的任何一個校園裡了，因為
那裡井井有條，早已被一頁頁格式化，合於舊時理性，模
仿古羅馬帝國的軍營。這也是自今晨開始，拇指姑娘的青
春棲息之處，是她全身心投入的思想空間。

　　聖德尼撫平了羅馬士兵。

3

社會

禮讚互相評分

拇指姑娘會幫老師評分嗎？很蠢，近來這個爭論在法國十分火熱。我在遠方，覺得驚訝：外地其他大學的學生已經幫我打了四十年的分數。我適應得還算不錯。為什麼？因為就算沒有規定，來上課的人也都會評價授課的老師。從前階梯教室裡有很多人；今天早上只比三、四名學生多一點：這就是透過人數表達認可。或是藉由專心的程度：聆聽或喧嘩。自因（cause de soi）：說服力源自聽眾的安靜，而聽眾的安靜源自講者的說服力。

其實，無論何時何地，所有人都得承受某種評分：戀人承受默不作聲的情人評分；供應商承受顧客大聲嚷嚷；媒體承受收視率調查；醫生承受病患的流量作為評分；民選政治人物承受選民的認可，這只是治理能力的問題。

分數的狂熱在可憐的媽媽們和心理學的推動之下，很快就離開學校，入侵了公民社會，大家爭相發表銷售排行榜，頒發諾貝爾獎、奧斯卡獎，頒發各種仿金屬質感的獎杯，爭相為大學評等，為銀行和企業評分，甚至連過去至高無上的國家也無法倖免。就在翻頁的同時，我的讀者，您正在評價我。

這是一種雙面惡魔，推促人們評判這個或那個是好是壞，有害還是無害。清醒的評判可以辨別誰因舊世界而死，誰在新世界冒出頭。翻轉於此刻誕生，它有利於評分者與被評分者、權貴與庶民之間的對稱循環，這是一種相互關係。過去似乎所有人都相信，一切都由高處往低處流，由講台流向台下的長椅，由民選政治人物流向選民；供給出現在上游，需求在下游照單全收。有些大賣場、大型圖書館、大老闆、部長、國家領導人……預設那些小型組織、小老百姓是無能的，所以對他們降下雨露甘霖。這樣的年代或許曾經存在；如今它終結了，在我們眼前，在工作上，在醫院裡，在公路上，在團體裡，在公共場所，在每一個地方。

新的循環擺脫了那些單向傳導的特質（我指的是上述的不對稱關係），新的循環發出它的聲音，讓人聽到它的評分，近乎樂音。

禮讚亨弗利・波特（Humphrey Potter）

亨弗利・波特這個小伙子來自伯明罕，據說他用陀螺的細繩將蒸汽機的支桿和他原本應該以手推動的閥門連

結起來；他為了逃避無聊的工作跑去玩，發明了一種自動調節機制，同時也免除了自己的苦差。不論這故事是真實或是杜撰，它歌頌的是某種工程學提前出現的特徵；在我看來，這故事呈現的其實是工人甚至礦工常有的細緻能力，亦即對工作現場的適應力──遠方的決策者下達行動命令，他對行動者滿懷無能的成見，沒對他們提出任何問題。亨弗利 · 波特是拇指姑娘的化名之一。

故事的遣詞用字傳達了這種無能推定（présomption d'incompétence）：這是為了便於剝削而去扭曲亨弗利 · 波特；就像病人被化約為一個待修的器官，學生被化約為一只等待填充的耳朵，或一張靜待餵食的嘴巴，工人被歸結為一台需要管理的機器，只比他操作的機器複雜一點。從前，在上面的，是被割去耳朵的嘴巴；在底下的，是喑啞的聽覺。

我要禮讚相互檢測。最佳的企業重建上下兩個層級的完整面貌，將勞工置於實際決策的中心。它們不再以金字塔結構安排流量的邏輯與複雜事務的調度，而調度的層次多了，複雜性就會提高，這讓拇指姑娘可以即時檢測自己的活動──故障可以更輕鬆地定位並且修復，技術解決方案也可以更快找到，生產力也提升了──而且也可以檢查

她的委託人／被委託人，近一點的是企業主，遠一點則是
醫生和政治人物。

工作之墓

　　拇指姑娘找工作。找到工作之後，她還是一直在找，
因為她知道自己隨時有可能失去剛剛費心找到的這份工
作。而且在工作上，她回應對話者的重點，不在對方提出
的問題本身，而是為了不要丟掉她的工作。這種對所有人
都有害的假話，從此是常態了。

　　拇指姑娘覺得工作無聊。從前，她的木匠鄰居收到從
森林鋸木廠運來的原木板材，經過長時間存放風乾，再依
照訂單，把這塊寶貝板材做成凳子、桌子或門。三十年後
的今天，木匠從工廠收到現成的窗戶，他把這些窗戶放進
大型建案標準規格的窗框裡。他覺得無聊。拇指姑娘也是。
工作的利益在上位的研發中心化為資本。這裡的資本不只
意謂金錢的集中，也意謂水聚積在水壩裡，礦石在地底，
知識在遠離執行者的資料庫裡。所有人的無聊都來自這種
利益的集中、騙取、盜竊。

　　生產力自一九七〇年垂直上升，全球人口也垂直成

長，兩者加成的結果是工作變得越來越難得；不久的將來，是不是只剩下某種貴族階級可以從中獲利？工作誕生於工業革命，也被謄寫於修道院的日課上，今天，工作是否日漸凋亡？拇指姑娘已見到藍領階級減少；如今的新科技將造成白領階級凋零。透過工作生產的產品淹沒了市場，經常危害環境（受到機器運作、商品製造運輸的汙染），工作會不會也消失在這片風景之中？工作仰賴能源資源，而能源的開發卻耗盡資源的儲備，並且造成汙染。

拇指姑娘夢想一種新工作，它的終極目的是去修復這些危害，是要為工作的人帶來益處——她不談薪水，她談的是受益者，她也談幸福。拇指姑娘會列出清單，看有哪些行動不會對地球和人類產出前述的兩種汙染。十九世紀的法國烏托邦信徒因為空想而被看輕。他們的實踐是反向而行，反對那些推促他們走入這條雙重死巷的做法。

現在所有人都是個體了，社會只圍繞著工作成立，一切都圍繞著工作，甚至朋友碰面，甚至與工作毫不相干的私人冒險也是如此，所以拇指姑娘想在工作上大展身手。可是她找不到工作，可是工作讓她覺得無聊。她也試著想像一個不再由工作構成的社會。可是，如果不是工作，那會是什麼？

我們又何嘗問過她的意見？

禮讚醫院

她也記得某一次在大醫院的住院經驗。主任醫師沒敲
門就進來，像一頭威風凜凜的雄性動物，後頭跟著一些順
從的雌性動物——野獸模式之必然——主任醫師背對臥床
的拇指姑娘，將一場高階演說賞賜給他的這群信徒，而拇
指姑娘承受的是無能推定。就像在大學；就像在工作的時
候。用比較俚俗的方式可以這麼說：被當成傻瓜。

法文的「傻瓜」（imbécile）在拉丁文裡是「跛腳」
的意思，要站好，卻缺了拐杖，這根**拐杖**（【拉丁文】
bacillus）正是桿菌（【法文】bacille）的詞源。拇指姑娘
站起來了，康復了，她以伊底帕斯解開謎題的姿態宣告了
一則消息：時間越往前走，人亞科（hominien）就越不需
要拐杖。人亞科可以自己站立。

請注意。大城市的公立醫院有停駐輪椅或病床的空間：
在急診處；在做核磁共振成像或其他掃瞄檢查之前或之後；
在進入手術室之前進行麻醉的時候，或在手術之後等待清
醒的時刻……病人可以在這樣的空間等候一到十個小時。

世間的學者、富人或權貴，請不要避開這些地方，這裡可以聽到痛苦、憐憫、氣憤、不安、叫喊和淚水，時而還有祈禱、惱怒，有人苦苦叫喚那無能叫喚的，或哀悼那無法回應的，有人緊張沈默，有人驚恐害怕，大多數的人都認命，當然也有感激……一個人如果從來不曾經歷自身的聲音混雜在這種不和諧的大合唱之中，他或許可以明白自身受苦的感覺，但他永遠不會明白「我們受苦」的意義──眾人的咿呀哀鳴從死亡與照護的候見室裡傳來，這是中途的煉獄，來到這裡的每個人都畏懼著也期待著命運的決定。如果您問自己：人是什麼？透過這片喧嘩，您同時也給了答覆，聽見答覆，得到答覆。在聽過這種聲音之前，即便哲學家也只是輕率之徒。

這就是雜音，是被我們的演說和長篇大論覆蓋的人聲。

禮讚眾人的聲音

這種混亂不僅在學校或醫院發出聲響，不僅來自課堂上的拇指世代，也不僅來自候診病患的啜泣，此刻，這種混亂充斥所有的空間。校長對老師說話時，老師在閒聊；

主任醫師高談闊論時，實習醫生在討論；將軍下達命令時，憲兵在講話；市長、眾議員或部長在台上揮灑陳腔濫調時，聚集在市集廣場上的公民喧嚷著。拇指姑娘嘲諷道，請舉例，成人的集會有哪一次不曾發出這種消遣逗樂的喧嘩？

　　背景音樂氾濫，媒體的喧囂和商業的擾嚷以可悲的噪音、精心計算的迷幻藥去減弱、癱瘓這些真實的聲音，還加上部落格和社群網站的虛擬聲音（這無可計數的虛擬聲音，數量幾可比擬地球的人口總數）。這是史上第一次，我們可以聽見所有人的聲音。人類的話語作響，在空間之中，在時間之中。從前，寧靜的村莊鮮少聽聞警笛和教堂的鐘聲——法律與宗教——書寫之子與書寫之女。寂靜之後，社群網站急遽湧現，鋪天蓋地而來。如此普遍的現象，我們不可能不去注意，這種新的雜音，混亂的喧嘩與人聲——私人、公眾、持續、真實或虛擬的——這片渾沌被一個老到不能再老的表演社會的發動機和收音機覆蓋，是教室和階梯講堂小海嘯的大型複製品；不，我該說教室和階梯講堂的小海嘯是這種渾沌狀態的縮小版。

　　拇指世代七嘴八舌，世界的渾沌，這些現象所宣告的，是不是二度來臨的口語時代與如此虛擬書寫交織的年代？這個新現象的浪潮會不會淹沒曾將我們格式化的書頁

時代？這個新的口語時代來自虛擬，長久以來，我一直聽見它的聲音。

　　這是一種普遍的發言需求，類似拇指世代從小學到大學發出的個別需求，也類似醫院病患或受僱工作者的期待。所有人都想發言，所有人都跟所有人在無數的網路上溝通。這片人聲交織而成的織物與網際網路的織物聲氣相合；兩者同相（en phase）發出聲響。新的知識民主立足之處，舊式教學已經破產，而新式教學還在摸索，全心全意卻也一路荊棘。而就一般政治而言，正在成型的民主即將成為明日主流，它與新的知識民主相符。集中於媒體的政治供給已經死亡；儘管巨大的政治需求還不知如何表達，也還無法表達，但它已奮起並且迫近。過去，人聲在印製好、裁切好的一張小小選票上投票，那是地區性而且是秘密的；如今，人聲在一片嘈雜之中，佔據全部的空間。人聲持續不斷在投票。

禮讚網路

　　僅就這一點而言，拇指姑娘會斥責她的父輩：你們怪我自私，可是做給我看的是誰？你們怪我個人主義，可

是教我的是誰？你們自己，你們有沒有能力組成團隊？你們無法維繫伴侶生活，所以離婚。你們有沒有能力讓一個政黨誕生，並且維持下去？看看這些政黨變得多麼枯燥乏味……你們能組成一個政府，讓裡頭的每個成員都長長久久團結下去嗎？至於團隊運動，為了讓演出精彩，你們在遙遠的國度招募演員，因為那裡的人還知道如何以團隊方式行動、生活。古老的屬性瀕臨死亡：戰士結盟、教區、祖國、工會、重組家庭；只剩壓力團體——可恥的民主障礙。

你們瞧不起我們的社群網站，嘲笑「朋友」這個詞的新用法。那麼，你們可曾集結過如此可觀，人數直逼人類總數的各種群組？以虛擬的方式，以比較無害的方式去親近他人，何錯之有？你們應該是在擔心，這樣的嘗試會引發一些新的政治形態，將先前的、過時的形態一掃而空吧！

過時，沒錯，而且也跟我的種種形態同樣虛擬，拇指姑娘的回應突然激動起來：軍隊、國家、教會、人民、階級、無產階級、家庭、市場……這些抽象概念在我們的頭頂盤旋，猶如紙板做的物神。您說的是抽象概念的化身吧？沒錯，拇指姑娘答道，只是這具人類的軀殼不僅沒有生命，還得受苦，還得死去。這些屬性嗜血成性，要求每個人以

生命祭獻：苦刑殉道者、被扔擲石頭的女人、被活活燒死的異端分子、所謂的女巫遭到火刑屠戮，這是教會和法律的部分；成千上萬的無名戰士排列在軍人墓地，不時還可見到權貴們煞有介事地俯身其上，還有死者紀念碑的長串名單（第一次世界大戰期間，幾乎所有農民都被捲入），這是祖國的部分；納粹的滅絕營和蘇聯的勞改營，這是「種族」的瘋狂理論和階級鬥爭的部分；至於家庭，它掩護了半數的罪行，一個女人每天都要為服侍丈夫或情人而累得半死；而市場的成就則是：超過三分之一的人類正在忍受飢餓之苦——每一分鐘都有一個拇指少年因飢餓而死——同一時間，富人們卻在節食。在你們的表演社會裡，就連你們提供的援助也只會和陳列的屍體數一同成長，你們的故事只會和被報導的犯罪一同增加，因為，對你們而言，一則好消息無法構成一條新聞。百年以降，各式各類這樣的死亡數以億計。

這些屬性由一些抽象的虛擬所命名，史書歌頌它們血色的榮光，這些假神祇，吞噬了無數犧牲者。相較之下，我喜歡我們的內在虛擬（virtuel immanent），像是「歐洲」，它不要求任何人的死亡。我們不想再歃血為盟。虛擬的，至少可以避免這種血肉相見。面對你們的「死亡」歷史與

政治，我們不再以屠殺他者和鞏固我輩為基礎來建構團體，
這是我們的「生命」未來。

　　拇指姑娘如是說，神情激昂。

禮讚火車站、機場

　　拇指姑娘說，請聆聽過往的溫柔人群如何發出聲響。
隨著獵物、水果、氣候變遷，**智人（Homo sapiens）**不斷
移動，成為**旅人（Homo viator）**由來已久，直到最近，地
球終於不再予他陌生的土地。自從各式各樣的發動機上路
之後，旅行的數量變多，多到讓居住條件的感知也發生改
變。像法國這樣的國家，很快就成了一個城市，高速鐵路
穿梭其間有如捷運系統，高速公路有如街巷交織。二〇〇
六年，航空公司已載運過三分之一的人類，大量的人群經
過機場和火車站，這些地方有如臨時的汽車旅館。

　　拇指姑娘計算著她從家裡出發的移動時間，她知不知
道自己在哪個城市居住、工作？屬於哪個社群？她住在首
都的郊區，她與市中心和機場的距離，就時間來說，相當
於國界之外的十趟交通所需的時間；所以，她住的是在她
的城市與國家之外的一個大型集合城市。問題來了：她究

竟住在何處？這個既被化約又被膨脹的地方給了拇指姑娘一個政治問題，畢竟政治一詞涉及城邦（cité）。拇指姑娘可以自稱是哪個城邦的公民？這是另一個浮動的屬性！連她都對自己的居住地充滿疑問，那麼，來自何處的何人可以代表她？

何處？在學校，在醫院，有來自各地的人們為伴；工作上，路上，有外國人；開會時有翻譯人員；在她的街道，經過時會聽到數種語言，她不斷碰到各種異族混血，而這些混種在形成的過程裡，繁殖出極其美好的文化與知識混合。前述的種種翻轉也涉及世界各國的人口密度，可是西方國家在亞非國家的人口漲潮時刻卻向後退去。異族混血如江河流湧，這些江河都被賦予專有名詞，但它們的流水卻和數十道支流的水混在一起。拇指姑娘居住在一片雜染的織錦畫上，她以不協調的鑲嵌方式鋪砌她的空間。她的眼裡充滿這種繽紛的驚奇，她的耳朵鳴響著人聲與意義錯雜的一片渾沌，宣告著更多的翻轉。

翻轉無能推定

公共或私有的大型機器——官僚體系、媒體、廣告、

技術官僚、政治體系、大學、行政部門，甚至有時連科學也是……——它們以古老的無能推定，對它們認定的傻瓜說話，將巨大的權力強加於他們身上，這些被當做傻瓜的人，名為大眾，他們飽受連串表演的輕鄙。無名的拇指世代活在一些他們認為有能力的同類身畔，而且，他們對自己不是那麼有自信，他們的聲音彌漫、擴散著，宣告這些瀕臨絕種還大言不慚的恐龍對於新能力的出現一無所知。事情正是如此。

拇指姑娘作為一種代號，她是我說的學生、病患、工人、職員、被行政體系管轄的人、旅客、選民、老年人、青少年、兒童、消費者，簡言之，就是公共場所的無名人士，亦即我們過去所謂的公民。如果她在網路上事先在正確的網站上查詢過相關的主題、待行的決策、發佈的資訊、美容養生……她知道的會跟一位老師、校長、記者、公司負責人、大老闆、民選的政治人物（甚至總統）一樣或更多——這些人全都被捧上表演的頂峰，只關心自己的榮光。有多少腫瘤專家會承認，他們在乳癌患者的部落格上學到的比大學那幾年還多？自然史的專家再也無法不正視澳洲農民在線上發表關於蠍子習性的言論，或庇里牛斯山國家公園導覽員關於岩羚遷移的知識。分享，和教學、醫療保

健、工作是對稱的；聆聽，和述說是相伴的；古老冰山的翻轉有利於雙向理解的循環。集體的（le collectif）讓位給**連結的（le connectif）**；前者的虛擬特質畏畏縮縮地隱藏在壯觀的死亡底下，而後者是真正虛擬的。

　　大學的學業結束時，二十幾歲的我成了認識論學者。「認識論學者」這個髒字的意思是：我研究了科學的方法與結果，時不時還試著評判這些東西。當年，全世界這樣的人並不多，我們會彼此通信。過了半個世紀，街上不論哪個拇指少年，在核能、代理孕母、基因改造生物、化學、生態保育等議題都有清楚的看法。於是我不再自稱是這個領域的專家，今天，所有人都成了認識論的專家。這是**有能力推定（présomption de compétence）**。請別笑，拇指姑娘說：當同樣的民主將投票權給了每一個人的時候，民主制度也曾面對憤慨的怒吼──抗議民主無分賢愚，不論無知或受過教育的人，票票等值。同樣的憤慨論調現在又出現了。

　　剛才提到的那些大型機構，規模仍然佔據我們依舊稱為「我們的社會」的整個背景和布幕，這個社會成了一座光芒褪去的舞台，信用的密度日復一日流失，而它甚至已無心更新戲碼，只以平庸壓垮狡黠的大眾，我想再說一次，

它們就像遠方的星體，我們接收到來自它們的光，可是天文物理學家計算出來，這些星體早在此前許久就已死亡。這大概是史上頭一遭，公眾、個體、人、從前被稱為民眾的路人，簡單來說就是拇指姑娘，大家都可以掌握至少跟那些恐龍一樣多的智慧、科學、資訊、決策能力，而我們依然作為順從的奴隸，為這些恐龍在能源與生產上的貪婪而努力。這些孤獨的單價元素一個接一個，緩緩組織起來，慢慢膨脹，形成一個跟這些大而無望的機構毫不相干的新化合物。等到這個緩慢的構造物突然轉身，如冰山乍現，我們還會說從沒見過這現象在醞釀呢。

　　前述的翻轉也觸及性別：過去這幾十年，我們見證了女性的勝利，她們在學校、醫院、企業……裡，比那些佔據主導地位、高傲卻虛弱無力的男性更勤勞，更認真。這也是為何本書以「拇指姑娘」為名。這樣的翻轉也觸及文化：網路有利於表達方式的多樣性，也有利於不久之後即將出現的自動翻譯，而我們才剛走出單一語言獨霸的年代，這樣的霸權不僅將話語和思想統一在它的平庸之中，也扼殺了創新。總而言之，如此的翻轉觸及所有的集中領域，甚至生產領域和工業領域，甚至語言，甚至文化，因為它有利於大規模的、大量又個別的發送方式。

評分終於普及；普及投票的實現帶來普及的民主。西方的春天因緣俱足……只是對立的各方勢力此刻不再運用武力，而是迷幻藥。從日常生活得出的例子是：物品本身失去它們的普通名詞，讓位給品牌的專有名詞。所有資訊都是如此，包括政治，資訊的舞台成了燈火通明的競技場，上頭出現的是一些與現實毫不相干的黑影在格鬥。在過去的時空中，鬥爭要能持續進行，透過的是街壘和死屍；表演社會將鬥爭轉變成一種英雄式的解毒，為我們淨化這些愚鈍的發送者所分發的催眠劑……

禮讚鑲嵌

……而這些愚鈍的發送者為了保留事物的舊狀態，運用的是簡化的論據；如何管理剛由人聲與嘈雜、不協調與混亂、無秩序所宣告的複雜？事情是這樣的。一條陷入漁網的鯛魚試圖脫困，可是牠越是跳動著要掙脫，網就會收得更緊；在蜘蛛網上躁動的蒼蠅只會越陷越深；在峭壁上錯身而過的山民，處境危險，他們越是急於脫困，繩索就越是糾結。管理者為了減少管理的複雜性，有時會制定一些指示，他們的做法和山民如出一轍，結果是讓情況益形

複雜。複雜性是否能歸結為如此的狀態：一切試圖簡化的嘗試都會讓情況變得更加複雜？

　　該如何分析？去分析組成要素數量的增加，分析它們個別的差異化，分析它們之間的關係和這些路徑交叉的大量增加。圖論（théorie des graphes）和資訊科學談的是這些網絡交錯的圖形，拓樸學稱之為單純形（simplexe）。在科學史上，這種複雜性的出現是一種信號，提醒我們沒有使用正確的研究方法，我們必須改變思維模式。

　　這個範疇裡有些相關聯的多樣性，它們標誌著我們的社會的特質，在這些社會裡，個人主義、人們或團體的需求、網站的流動性一同成長。如今，所有人都在編織他自己的單純形，也在其他單純形的上頭移動。拇指姑娘剛才移動的地方是一個混雜、斑紋交錯的空間……是一座迷宮，是一幅萬花繽紛、色彩斑斕的鑲嵌畫。既然自由跟每個人都相關，每個人都要享有空閒的雙手和完全的行動自由，所以，沒有人覺得有必要簡化這種對於民主的需求。簡單的社會其實會讓我們返回獸性的階層制，陷入弱肉強食的叢林法則：金字塔式的集簇，單一的頂點，寬廣的底層。

　　就讓複雜性增生吧，這是好事！但它的成本是：數量倍增和長列的隊伍，沈重的行政，擁塞的街道，難以解釋

的繁複法條，而法律的密度其實會讓自由的程度降低。賺來的錢總有一部分要拿去支付成本。

另一方面，這種成本也成了某種權力的來源。正因如此，公民懷疑他們的代表並無意減少前述的複雜性，這些代表堆積了諸多行政指令，看似意欲減少複雜性，但卻讓情況益形複雜，一如漁網裡的鯛魚。

禮讚第三種載體 [25]

然而，我要再說一次，這種成長類型的脫鉤現象，在科學史上屢見不鮮。托勒密（Ptolémée）的古老模型累積了數十個本輪（épicycle）之後，天體運行變得複雜而難以辨認，這時就得改弦更張了：天文學家以日心體系取代地心體系，於是一切又復歸明晰。《漢摩拉比法典》無疑終結了若干源於不成文法的社會法律難題。我們遇到的複雜性來自書寫的危機。法律變多，《公報》（Journal officiel）膨脹。書頁的氣力終於耗竭。事情必須改變。資訊科學可以接棒上場。在售票窗口前，我們排隊等候，迫不及待；在永無止境的車陣當中，我們可能為了爭先，在路口撞死

25　「第三種載體」指的是網路。（見本書第 28 頁。）

自己的父親都不知道。然而，電子通訊的速度可以免除真實運輸的緩慢，虛擬世界的透明讓交會時的碰撞不再發生，也免除了隨之而生的暴力。

但願複雜性不會消失！它在增長，而且會繼續增長，因為每個人都受惠於複雜性帶來的舒適與自由；複雜性標誌著民主的特質。想降低複雜性的成本，只要有意願就做得到。幾個工程師就可以透過資訊範式的轉移來解決這個問題，新的資訊範式有能力保存單純形，甚至讓它增長，但是又可以快速瀏覽這個單純形，所以可以免除——我再重複一次——擁擠的車陣，並且避免碰撞。要讓適用於虛擬護照，並且對所有個人、公開資料都有效的軟體上路，可能需要幾個月的時間，但不會更多。這些資料總有一天全都得放在單一的新載體上。此刻，這些資料暫時還分散在各式各樣的卡上，所有權由個人與若干私人或公家機構共享。個人資料如今已成為某種財富的來源，拇指姑娘——個體、顧客、公民——是否會冷眼看待國家、銀行、百貨公司……將她的個人資料據為己有？這是一個政治、道德、法律問題，其解方將改變我們的歷史、文化前景。或許會因為第五權（獨立於立法、行政、司法和媒體等四權之外的資料權）的到來，而導致社會政治權力分配的重

組。

拇指姑娘會在她的護照印上哪個名字？

禮讚化名

我的女主人翁的名字所指稱的並非「她那個世代當中的某個人」、「今日的某個少女」，這類輕蔑的說法。不是的，不是像理論裡說的那樣，從一個 A 整體裡面抽出一個 χ 成分。拇指姑娘是獨一無二的，她存在，她是個體，她是人，而不是抽象概念。這值得好好解釋一下。

誰還記得從前在法國和其他地方的四種學院劃分：文學院[26]、理學院[27]、法學院和醫學院？文學院歌頌自我、個人的我、蒙田筆下的人，還有我們（歷史學家、語言學家、社會學家的我們）。理學院描述，解釋，計算**這個（cela）**，發表一些普遍規律，甚至定律，牛頓（Newton）提出天體運行的方程式，拉瓦節（Lavoisier）提出化合物的命名法。醫學院和法學院並列第三，這兩者或許無心，但它們一同

---

[26]　「文學院」的法文為 faculté des lettres，後文於同一脈絡使用 lettres 一詞時，譯為「文科」（意為「文學研究」），以有別於文學（littérature）。

[27]　「理學院」的法文為 faculté des sciences，後文於同一脈絡使用 sciences 時，譯為「理科」，以便與「文科」對應。

抵達了理學院與文學院所不識的一種認識方法。在這些法
學院和醫學院裡，普遍與獨特結合起來，誕生了一門第三
學科……這是拇指姑娘的先輩。

　　首先是她的身體。直到最近，解剖圖呈現的都還是一
份圖解：髖關節、主動脈、尿道……近乎幾何圖形、籠統
的抽象圖畫。如今，解剖圖複製的是核磁共振成像，來自
這麼一位八十老翁的髖關節，來自這位十六歲少女的主動
脈……。儘管這些圖像是個別的，但它們都屬於同一類或
同一性質的範圍。作為決疑者的古羅馬時期法學家們研究
案例的時候也一樣，他們習於在案例中引述某個主題，而
案例闡述者都是蓋尤斯（Gaius），或是卡西烏斯（Cassius）：
這些是**代號、化名、筆名、假名──獨一無二的兩個人：
個體的，也是同屬的（génériques）**。這些名字確實在「普
遍的」與「獨特的」之間搭了橋；這些名字──要說是雙
重的也可以──它們對兩者都有效。

　　請理解拇指姑娘是一個代號，是這樣的大學生，是這
個病患、這個工人、這個農人、這個選民、這個路人、這
個公民……**匿名，當然是，但它是個體化的**。一個選民在
民調中越不是「一個」，一個電視觀眾在收視率調查中越
不是「一個」，他就越不只是一個數量，而是一種特質，

一個存在。一如從前的無名戰士，軀體確實在此長眠，
DNA 鑑定會讓無名戰士個體化，這種匿名者是我們這個時
代的主人翁。

　　拇指姑娘代表的是這種匿名性。

演算法的，程序性的

　　現在請看拇指姑娘使用手機，她用兩根拇指熟練地操
作按鍵、遊戲或搜尋引擎：她毫不猶豫地鋪展一片認知的
田地，其中一塊先前的耕地（屬於理科與文科的）早已休
耕多時，我們可以名之為「程序性的」。這種操作，這種
手勢，只有從前在小學的時候，用在以正確的方式做簡單
算術，或者有時也用在安排修辭或文法的技巧。如今，這
些程序進入了知識與技術的領域，正在與幾何的抽象性以
及科學的描述性（不包括數學）競爭。這些程序構成了**演
算法的**思維。這種思維開始理解事物的秩序，開始為我們
的實際運用服務。從前，演算法的思維——至少是在盲目
的情況下——屬於司法實務與醫事技術的一部分。這兩者
都在理學院和文學院之外傳授，因為，它們運用的正是製
作的方法、連貫的動作、系列的手續、處理的方式，是的，

就是程序。

從此,飛行器在常用的跑道上降落;某個大陸的空中、鐵路、公路、海上的聯繫;腎臟或心臟的長時間手術;兩家工業公司的合併;需要數百頁論證的抽象問題的解答;晶片設計圖、程式設計;GPS 的運用……都需要不同於幾何學家的演繹或實驗歸納的導引。客體的、集體的、科技的、組織的……種種事物如今臣服於這種**演算法或程序性的認知方式**,甚於兩千年來受到理科與文科滋養的哲學所貢獻的**陳述式的**抽象。哲學若只有分析性,今天它會看不見這種認知方式的成立,它會和這種思維錯身而過,不僅錯過它的方法,也會錯過它的客體,甚至它的主體。它會錯過我們的時代。

興起

這個新東西其實不新。在希臘,演算法的思維比幾何學的發明更早,後來因為巴斯卡(Pascal)和萊布尼茲(Leibniz)發明了兩部計算器而重新出現在歐洲。這兩位學者也和拇指姑娘一樣,用了化名。受到理科與文科滋養的哲學家們並未看見這場美妙卻又低調的革命。在這個年

代，在幾何的形式（理科）與個人的現實（文科）之間冒出了一種認知人與物的新方式，這種方式已經在醫學和法律的實務裡被預見了。這兩個領域關心的是如何連接司法機關與判例，如何連接病患與疾病，如何連接個別的與普遍的。我們的新東西就這麼出現了。

上千種有效的方法從此運用的正是程序或演算法。這種文化直接承繼古希臘之前的肥沃月彎，直接承繼以阿拉伯文寫作的波斯學者花拉子米（Al Kwarismi），直接承繼萊布尼茲和巴斯卡，今日，這種文化已入侵抽象和具體的領域。文科與理科輸了一場古老的戰役，我從前說過，這場戰役始於柏拉圖（Plato）的對話錄《美諾篇》（*Ménon*），幾何學家蘇格拉底（Socrate）瞧不起一個不知論證為何物，只會運用程序的小奴隸。這位無名的僕役，今日，我將他喚作拇指少年：他在蘇格拉底面前佔了上風！這是超越千年的翻轉，翻轉了有能力的推定！

這些古老程序重新致勝的關鍵在於：演算法和程序性的方式依賴代碼……我們又回到了名字上頭。

禮讚代碼 [28]

　　這正好是一個在法律和判例、醫學和藥學上永遠共通
的用語：codex[29]。然而今日，生物化學、資訊理論、新科
技佔用了它，因而將它普遍運用於一般的知識和行動領域。
從前，俗民大眾根本無法理解任何法條，也看不懂用藥準
則；這類書寫既開放又封閉，它確實是公開的，但還是只
有博學之士看得懂。代碼就像一個兩面的銅板，正和反，
是對立的：既是可讀取的（accessible），又是秘密的。我
們剛剛開始生活在讀取（accès）的文明之中。在這樣的文
明裡，這種文化的語言與認知的傳信者（correspondant）成
了代碼，它允許或禁止讀取。然而，恰恰是代碼製作了兩
個需要互譯的系統之間的所有通信，它擁有我們所需的兩
面，適於我剛剛描述其新的大量知識的自由流通。只要編
成代碼，就可以保有匿名性，同時也可以讓人自由讀取。

　　可是代碼，就是個別的活人，可是代碼，就如同人。
我是誰，我，獨一無二的，個體的，也是同屬的？**一個不**

28　代碼：原文為 code，兼有「法典」、「法規」、「準則」……等義，其詞源為【拉
　　丁文】codex（參見注 29）。後文出現的「法條」（codes juridiques）和「用藥準則」
　　（codes des médicaments）都是 code。
29　codex：【法文】藥典；【拉丁文】法典。

確定的密碼，可譯解的，不可譯解的，既公開又密閉，既社交又害羞，可讀取－不可讀取，公共又私人，既私密又隱密，有時連我自己都陌生，同時卻又是展示出來的。我存在，所以我是一個代碼，可計算的，不可計算的，如同金針藏進一堆麥稈，同時也藏起了它的光芒。譬如，我的DNA既是公開也是封閉的，它的密碼在肉體上建構了我，既私密又公共，一如聖奧古斯丁（saint Augustin）的《懺悔錄》（*Confessions*），這本書有多少字符？一如「蒙娜麗莎的微笑」，這幅畫有多少畫素？一如佛瑞（Fauré）的「安魂曲」，這首曲子有多少位元？

　　醫學和法律長期以來對於「人如同代碼」的概念貢獻有加。知識與實務如今更鞏固了這個概念，它的方法運用的是**程序和演算法**；代碼讓一種新的**自我**誕生了。個人的，私密的，隱密的？是的。同屬的，公共的，可以發表的？是的。而且更好的是，兩者皆是：雙重的，我在談化名的時候已經說過了。

禮讚護照

　　據說古埃及人和我們一樣會區分人的身體和靈魂，但

他們為這種二元性加上了一個名為 Ka 的複本。當然，我們知道如何藉助科學、螢幕和表格，讓身體於外部再現；也知道如何像盧梭那般，以《懺悔錄》的方式描繪靈魂（得用多少字符？）。我是不是也可以重現我的複本？它是可以讀取的，也是可以公開發表的，儘管它是不確定的，是隱密的。只要將它編成代碼就行了。推而廣之，及於所有可能的資料，私密的，個人的和社會的，譬如法國的「醫療保險卡」（carte Vitale）。這樣我們就創造出一個 Ka，如同編上代碼的通用護照：既公開又封閉，公共和隱密的雙重性並不矛盾。這一點也不奇怪吧？就算我試著用我自己的方式思考，我說的還是共通的語言。

　　這個自我可以用靈魂和意識進行柔軟的懺悔，也可以用硬梆梆的塑膠材質滑進口袋裡。主體，是的；客體，是的；所以又是雙重的。雙重，如同一名病患，承受個別的痛苦，可是又如同一片風景，呈現在醫者的目光下。雙重，有能力的，無能的……雙重，有如一名公民，既是公共的，也是私人的。

今日社會的圖像

在一些令人無法遺忘的時代，總有幾個英雄想要建造高塔，一同建造。這些對話者來自四面八方，操持無從翻譯的各種方言，他們無法如願以償。沒有理解，就不可能組成團隊；沒有集體，就沒有建築。巴別塔破土而出隨即告終。數千年逝去。

自從在以色列、巴比倫或是亞歷山卓城一帶，先知或書吏（scribe）得以書寫之後，團隊成為可能，金字塔建起，神廟和廟塔也一同升起。落成。數千年逝去。

某個早上，在巴黎，一場名為「萬國博覽會」的人類集會也導致了一次相同的嘗試。有一顆專家的腦袋在紙頁上畫了一張設計圖，選定材料之後，計算材料強度，繼而鋼骨交錯成高達三百公尺的格架。從此，艾菲爾鐵塔守護著塞納河左岸。

從埃及金字塔到艾菲爾鐵塔，前者以石塊，後者以鋼鐵，整體的形式始終穩定；現狀穩定，穩定如國家，這兩個詞其實只是一個詞 30。這種靜態的平衡與權力的模型相

30　現狀穩定（stable en l'état）；穩定如國家（stable comme l'État）。前者的 état 首字

似，歷經多種變貌的呈現依舊不變——宗教、軍事、經濟、金融、專家……力量始終把持在某些人的手裡，他們高高在上，透過金錢、武器的力量或其他適於統治廣大底層人民的機器，緊密結合。石頭怪獸和鋼鐵恐龍，兩者之間並無顯著改變，同樣的形式在巴黎顯得比較透光、透明、優雅，在沙漠裡較為密實、厚重，總之都是尖頂，開闊的底部。

　　民主決策對於如此圖像並未造成任何改變。大家圍成一圈，席地而坐，這樣你們就平等了，古希臘人如是說。這則狡猾的謊言佯裝沒有看見，在金字塔或鐵塔底下，集會的中心點標誌的正是金字塔頂點在地面的投影，那是它崇高的頂峰著陸之處。民主集中制，這是從前共產黨的說法，他們運用這個古老的舞台幻覺，而在鄰近中心處，史達林及其親信守候著，他們流放異己，祭出嚴刑，屠殺。如果沒有真正的改變，我們這些位居周邊的庶民寧可要一個遙遠的力量，在軸心的上方，而不要這種駭人的鄰居。我們的法蘭西先人發動大革命，對象比較不是還算得人心的國王，而是要除去身邊那些可惡的王公貴族。

母小寫，意為「狀態」；後者的 État 首字母大寫，意為「國家」。同一個詞因為首字母的大小寫而有不同意義。

基奧普斯[31]，艾菲爾[32]，同樣的國家。

米榭‧歐提耶[33]這位了不起的概念發想者和我（我是他的助手），我們計劃在艾菲爾鐵塔對面，在塞納河的右岸點一把火，或種一棵樹。在分散各地或在此處的電腦裡，我們請每位參與者輸入自己的護照、自己的 Ka（匿名和個體化的圖像）、編成代碼的身分資料，然後讓一片彩色的雷射光從地面湧現，重現這不計其數的證件的總匯，這片雷射光將展現如是虛擬而成的豐碩的集體圖像。每個人都將自行進入這個虛擬而又真實的團隊，它把原本屬於各個分散的集體的所有個體，連同他們被編成代碼的具體特質，結合成一個既單一又多重的圖像。在這幅和鐵塔一樣高的聖像上，共同的特徵會像某種樹幹，罕見一些的特徵會像樹枝，而特殊的特徵就像樹葉或新芽。不過由於總和會不停地改變──因為每個人和每個人，每個人接著每個人，會日復一日地變化──如此矗立的這棵樹將瘋狂顫動，宛如火焰舞動。

---

31 基奧普斯（Chéops）：埃及第四王朝的法老王，埃及最古老的金字塔「基奧普斯金字塔」（又名「吉薩大金字塔」）的興建者。

32 艾菲爾（Eiffel）：法國工程師，艾菲爾鐵塔的設計建造者。

33 米榭‧歐提耶（Michel Authier，一九四九－）：法國數學家、哲學家、社會學家，曾與皮耶‧列維（Pierre Lévy）於一九九二年共同提出「知識樹」（arbre de connaissances）的概念，並出版同名著作，由塞荷執筆作序。

鐵塔，靜止不動，高傲地配掛著作者的名字，卻遺忘當年哐噹作響辛苦完成工程的數千人，其中還有人命喪於此。鐵塔，在高處承載著播放主人聲音的發射台，鐵塔對面，會有一座絢爛星火綴成的高塔喋喋不休地舞動著，這座高塔新穎，多變，流動，起伏不定，色彩斑斕，深色條紋，混色，鑲嵌，拼貼，如歌如樂，萬花爭豔，呈現著連結的集體，正因這座高塔會以虛擬的、參與的（想要參與就可以自主決定的）方式自我呈現，這些屬於每個人的資料會讓這座高塔更為真實。今日的社會變化無常、活潑、柔軟，昨日與過去的怪獸堅硬、如金字塔、凍結，前者向後者射出千道火舌。怪獸死去。

巴別，口語階段，沒有塔。從金字塔到艾菲爾，書寫階段，穩定的國家。火焰樹，生猛的新事物。

拇指姑娘很開心，但她也不假辭色地說：留在巴黎，我覺得你們兩位都老了。請在萊茵河畔也燃燒這棵變化無常的大樹，好讓我的德國女性朋友們也可以在那裡用影像跳舞；在阿涅爾山口（col Agnel）上，和我的義大利女性同事們一同歌唱；沿著美麗的藍色多瑙河，在波羅的海的岸濱……地中海、大西洋、庇里牛斯山這邊的真理，在另

一邊亦然，那裡有土耳其人、伊比利人、馬格里布人 [34]、剛果人、巴西人……

二〇一二年一月

34　馬格里布人（Maghrébins）：馬格利布（Maghréb）是北非的古地區名，位於地中海、
　　大西洋、撒哈拉沙漠和埃及之間，人口混合了柏柏爾人（Berbères）和阿拉伯人。

UTOPIE